# Chez les licornes

Stella Maidment et Daniela Dogliani
Traduction de Marie-Josée Brière

BAYARD
CANADA

Catalogage avant publication de Bibliothèque et Archives
nationales du Québec et Bibliothèque et Archives Canada

Maidment, Stella

[Unicorn puzzles. Français]

Chez les licornes: plus de 30 jeux pour t'amuser!,
une aventure avec Luciole la licorne!

Traduction de: Unicorn puzzles.
Pour enfants de 3 ans et plus.

ISBN 978-2-89579-594-0

1. Jeux d'observation - Ouvrages pour la jeunesse. 2. Licornes - Ouvrages
pour la jeunesse. I. Dogliani, Daniela. II. Titre. III. Titre: Unicorn puzzles. Français.

GV1507.P47M34814 2014        j793.73        C2014-940126-4

Dépôt légal - Bibliothèque et Archives nationales du Québec, 2014
Bibliothèque et Archives Canada, 2014

Titre original: *Unicorn Puzzles* de Stella Maidment et Daniela Dogliani
(ISBN 978-1-78171-140-8) © 2013 QED Publishing, une division de Quarto
Group Company, The Old Brewery, 6 Blundell Street, London N7 9BH.

Conception graphique: Elaine Wilkinson

Direction éditoriale: Maxime P. Bélanger, Gilda Routy
Traduction: Marie-Josée Brière
Mise en pages: Danielle Dugal

© Bayard Canada Livres inc. 2014

Nous reconnaissons l'aide financière du gouvernement du Canada par l'entremise du
Fonds du livre du Canada (FLC) pour des activités de développement de notre entreprise.

Cet ouvrage a été publié avec le soutien de la SODEC. Gouvernement du Québec -
Programme de crédit d'impôt pour l'édition de livres - Gestion SODEC.

Bayard Canada Livres
4475, rue Frontenac
Montréal (Québec) Canada  H2H 2S2
Téléphone: 514 844-2111 ou 1 866 844-2111
edition@bayardcanada.com
bayardlivres.ca

Imprimé en Chine

# Bienvenue chez les licornes !

Voici Luciole, la petite licorne.

Et voici sa fée marraine.

Trouve les réponses à tous les jeux de ce livre pour aider Luciole à se rendre à un pique-nique magique.

Pourras-tu repérer aussi Betty le papillon ? Elle est dans toutes les images.

3

Un jour, la petite licorne Luciole reçoit une invitation de sa fée marraine. C'est très excitant!

Regarde qui a apporté l'invitation ! Vois-tu son frère jumeau ?

Tu es invitée à un pique-nique magique au bord de la rivière.
Tu peux t'attendre à quelques surprises en route !

Peux-tu trouver ces objets ?

une souris

une libellule

deux fleurs rouges

5

Luciole aime beaucoup les pique-niques, et elle adore les surprises! Pour se rendre à la rivière, elle doit traverser la forêt enchantée.

Peux-tu aider Luciole à trouver son chemin à travers la forêt?

Il y a un arbre qui est différent des autres. Lequel?

Peux-tu trouver ces objets?

la fée marraine de Luciole

deux oiseaux blancs

trois papillons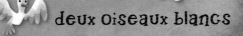

11

Luciole continue son chemin dans la forêt. De jolis papillons remplissent le ciel.

Vois-tu la forme que les papillons tracent en volant tous ensemble ?

# Peux-tu trouver ces objets?

deux maisons

une taupe

un château

13

Luciole finit par atteindre la rivière. L'eau n'est pas très profonde, et il y a beaucoup de pierres pour traverser.

Peux-tu trouver ces objets ?

une famille de cygnes

une grenouille

deux poissons

Peux-tu aider Luciole
à traverser la rivière?

Luciole aperçoit deux beaux paons
à l'entrée d'un champ. «C'est par ici,
le pique-nique!» lui disent les paons.

PIQUE-NIQUE

Vois-tu les quatre différences entre les deux paons?

Peux-tu trouver ces objets?

PIQUE-NIQUE un panneau

trois lanternes en papier

deux hélices en papier

«Bienvenue, Luciole! dit la fée marraine.
Regarde, tous tes amis sont ici!»

Peux-tu trouver ces objets?

une banderole

une baguette magique

deux ballons jaunes

Jade, la meilleure amie de Luciole,
a une crinière verte et blanche.
La vois-tu?

C'est un pique-nique extraordinaire! Les licornes n'ont qu'à fermer les yeux et à penser à leur plat préféré pour qu'il apparaisse devant elles. C'est magique!

Peux-tu trouver ces objets?

un panier en osier

une baguette de pain

deux poires

Luciole pense à son plat préféré: des petits gâteaux!
Lequel des petits gâteaux est différent des autres?
Et toi, à quel plat penserais-tu?

Les licornes s'amusent ensuite à glisser sur un arc-en-ciel et à rebondir sur les nuages.

Peux-tu trouver ces objets?

une toute petite fée

un écureuil

trois fleurs bleues

22

# Quelle est la licorne qui rebondit le plus haut ?

Le soir venu, toutes les mamans
licornes viennent chercher
leurs filles.

Peux-tu relier chacune
des mères à sa fille ?

Peux-tu trouver
ces objets ?

deux lapins

un hibou          la lune

25

« Je me suis bien amusée ! dit Luciole
à sa fée marraine. Merci pour
toutes les surprises ! »

Suis les pistes en feuilles de vigne,
et tu trouveras une dernière surprise
pour chaque petite licorne.

Peux-tu trouver
ces objets?

deux
coccinelles

trois
marguerites

un escargot

27

# Réponses

## Pages 4-5

L'oiseau jumeau est encerclé en rouge.

## Pages 6-7

Suis la ligne rouge jusqu'à la forêt enchantée.

## Pages 8-9

Les paires d'animaux sont reliées
par des lignes rouges.

## Pages 10-11

L'arbre différent des autres
est encerclé en rouge.

### Pages 12-13

Betty

Les papillons ont tracé la forme d'un cœur.

### Pages 14-15

Betty

Suis la ligne rouge pour traverser la rivière.

### Pages 16-17

Betty

Les quatre différences sont encerclées en rouge.

### Pages 18-19

Betty

Jade est encerclée en rouge.

# Réponses

## Pages 20-21

Le petit gâteau différent des autres
est encerclé en rouge.

## Pages 22-23

C'est Jade qui rebondit le plus haut.

**Pages 24-25**

Betty

Suis les lignes rouges qui relient
chacune des mères à sa fille.

**Pages 26-27**

Betty

Suis les lignes de couleurs pour mener
chacune des licornes à son cadeau!

# Tu veux jouer encore?

## Un pique-nique de licorne!

Pour te fabriquer une corne de licorne, découpe un cercle dans du carton de couleur. Trace une ligne entre le bord et le centre du cercle, découpe-la et enroule le cercle pour former un cône long et mince. Colle ta corne, perce deux trous près du bord et passe un bout de fil élastique dans les trous pour faire tenir la corne sur ta tête. Il ne te restera plus qu'à prendre une couverture et un panier rempli de bonnes choses pour aller pique-niquer au jardin ou au parc. Mais n'oublie pas d'inviter un adulte à t'accompagner!

## Une chasse au trésor

Découpe des petits fers à cheval – beaucoup de fers à cheval! – dans du papier ou du carton de couleur. Demande à quelqu'un de cacher un trésor, par exemple des bonbons ou un petit jouet, et de laisser une piste en fers à cheval pour en indiquer l'endroit. Les autres n'auront qu'à suivre la piste pour trouver le trésor.

## Décore ta propre licorne

Demande à un adulte de dessiner la silhouette d'une licorne sur une grande feuille de papier. Tu pourras ensuite décorer ta licorne à l'aide de stylos feutre, de peinture ou de crayons de couleur – sans oublier les brillants! Colle des petits bouts de laine, de ruban ou de papier de couleur pour former une crinière et une queue. Choisis un nom pour ta licorne et écris-le en dessous. Tu pourras ensuite afficher ton œuvre sur le mur!

## Une tresse de licorne

Si tu as les cheveux longs, ou une poupée qui a les cheveux longs, essaie de faire une tresse de licorne. Brosse tous tes cheveux – ou ceux de ta poupée – d'un côté et divise-les en deux mèches. Tortille les deux mèches dans deux directions opposées, puis enroule-les l'une autour de l'autre pour former une torsade. Attache le bas de ta tresse avec un élastique. On dirait tout à fait une corne de licorne!